어디서 무엇이 되어도

손덕순 디카시집

시와사람

손덕순 디카시집

어디서 무엇이 되어도

2025년 10월 5일 인쇄
2025년 10월 10일 발행

지은이 | 손 덕 순
펴낸이 | 강 경 호
발행처 | 도서출판 시와사람
등 록 | 1994년 6월 10일 제 05-01-0155호
주 소 | 광주시 동구 양림로119번길 21-1(학동)
전 화 | (062)224-5319
E-mail | jcapoet@hanmail.net

ISBN 978-89-5665-791-2   03810

값 15,000원

공급처 ■ 한국출판협동조합
경기도 파주시 적성면 적성산단3로 10 (적성일반산업단지 내)
주문전화 (02)716-5616, 070-7119-1740

어디서 무엇이 되어도

두 번째 디카시집『어디서 무엇이 되어도』를
출간하면서, 이제는 보이는 것보다 보이지 않는 것들과
소외된 것들에게 좀 더
깊은 관심과 마음 주며 바라보아야겠다.
이름 없는 작은 꽃들과 이름 모르는 나무들
쓸쓸하고 외로운 사람들을 살피며
그들의 삶에 불씨 같은 희망의 불꽃을 피워주는
시를 쓰고 싶다.

2025년 9월 손덕순

제2부 사람이 아름답다고 느껴질 때

제3부 이카로스의 꿈

제4부 마지막 선물

어디서 무엇이 되어도

제1부

거룩한 낭비

거룩한 낭비

틈나는 대로

숲에 사는 생명들과 마주하며
고요하게 시간을 낭비할 수 있다면

마음은 푸른 숲이 될 거야

지하철

아침을 싣고 가는 지하철 안에는
고개 숙인 침묵이 주인공이다

눈은 스마트폰
귀에는 에어팟

모든 게 아침을 견디는 방법이라면

휴게 음식점에서

오후 3시에
태양의 흑점으로 만든
커피가 있다

아무리 마셔도 배부르지 않지만
몸과 마음을 덥혀주는 따뜻한 커피

나의 양식이 되어주신 분

언제나
나의 양식이 되어주셨는데

제가 눈이 멀어
알아보지 못했습니다

관음보살

앞이 캄캄했는데
우뚝 나타나시어

구름을 지우고 길을 밝혀 주시다니요

추운 골짜기에서 길을 열어 주시다니요

남극성

깊은 밤에도
가장 밝게 비추며

바른길로 인도해 주고
곁에서 늘 응원해 주는,

나를 가장 반짝이게 해주는 이여

등대

하늘이 두 조각 나도
어두운 밤에도 불을 밝히며

나의 길을 밝히시다니요

의로운 손길

배고픈 이를 걱정하는

따뜻한 심장을 가진 사람이
두고 간

한 끼 식사

절규

녹아내리는 빙하 위에서
아슬아슬한 북극곰

발자국만 남기고
사라진 펭귄

바다는 쓰레기로 가득하다

어떤 삶

생의
마지막 발악이라도 하는지

긴 울음이 처절하다

고작 보름간의 삶
그 끝은 굵고 짧았다

이방인

빛과 바람과 나무들이
자리를 비워

다름을 인정해 주는
따뜻함

그 힘으로 자라는

청춘들이여

피보다 붉은
청춘의 심장박동이

우리의 희망이다
미래다

어머니의 손

땅 위로 도드라진
부르튼 뿌리의 핏줄이

거친 어머니의 손을 닮았다

세상을 꼭 붙잡고
가문을 지키는 어머니의 손가락들

봄을 기다려

겨울을 지나
봄으로 가고 있어

걸을 때마다 하얀 꽃잎이
밟히며 비명을 지르고 있어

겨울 끝, 이제 곧 봄이 올거야

아이들의 웃음소리

꽃줄기에 이쁜 꽃
조랑조랑 피어나듯

한 때 골목에 가득했던

아이들의 웃음소리
와자지껄 피어나기를

제2부

사람이 아름답다고 느껴질 때

사람이 아름답다고 느껴질 때

꽃은 순금처럼 정제된 언어

봄 햇살처럼 따스하게
내 가슴에 스며들 때

그에게서 은은한 향기가 피어날 때

인연의 끈

어쩌다 맺은 인연
파도에 휩쓸려도
너의 손을 놓지 않을께

포근한 잠

부드럽고 따스해
나도 모르게 잠에 취했어

꽃잎을 베고
바람이 불러주는 자장가를 들으며
너를 닮은 붉은 꿈을 꿀게

행복으로 가는 길

맑고 푸르른 봄날
설레는 마음으로 너에게 간다

초록이 낸 길을 따라 걸으며
마음에 초록 물 들이며 간다

고백

말로는 다할 수 없는
내 마음을

받아주겠니

하늘의 배경으로
두근거리는 나의 심장

꽃잎의 마음처럼

선명하고 고운 빛깔로

누구에게나 스며들 수 있는
가을 햇살 같은 사람

늘
분홍빛 웃음을 주는 사람이고 싶다

마음의 중심에는

내 마음의 집 한가운데
푸른 한 그루 나무 같은

네가 살고 있다는 걸

잊지 마

거리

지금처럼 오랫동안 마주 보자
가깝지도 멀지도 않은

손 뻗으면 닿을 수 있는 그 거리에서

오늘도 안녕

하늘이 보내는 위로

하루가 저물기 전
하늘은 안부를 묻는다

붉게 타오르는 노을은
오늘 하루, 열심히 산 그대에게 보내는

하늘의 따뜻한 위로

집으로 가는 길

저녁 무렵의 나무들은 집으로 향한다

하늘은
붉은 노을로 마지막 빛을 비추고
모든 행복은 집으로 향한다

혼자만의 시간

집은 언제나 아늑하고
편안한 요람

함께 있어서 외롭지 않아

우리 모두
푸른 꿈을 꿀 수 있거든

내 안의 집

예쁜 집 말고
마음이 아름다운 집을 잘 지어야 해

여러 개의 맑은 창을 내고

누구나 편안하게
마음 쉬어갈 수 있는 그런 집

어둠의 장막을 걸어

어둠을 건너려고
빛의 징검다리를 놓았다

어둠은 빛을
이길 수는 없느니

끝내 아침이 오고야 말 것이니

점묘법 하늘

어젯밤 꿈속에 고흐가
다녀갔나 보다

아침에 깨어보니
금방 붓칠한 점묘법 하늘에서
푸른 물감이 뚝뚝 떨어지고 있다

거울 호수

둘은 쌍둥이

호수에 비친 너는 나

호수를 바라보는 나는 너

서로 바라보며

에베레스트처럼 자라는 꿈

제3부

이카로스의 꿈

이카로스의 꿈

높이 더 높이
날으는 꿈을 꾸다가
추락할지도 몰라

조금 낮게 가도 괜찮아
한 단계씩 차근차근

분수

너무 높게 오르려 하지 마
거침없이 솟아오르면
결국 부서지고 말 거야

분수를 알고
분수에 맞게 살자

삶, 가볍게 가벼움으로

수천 번 빨아 말리면
옹이가 된 마음의 근육도
말랑해지겠지

맑은 물에 여러 번 헹궈 말리면
뽀송뽀송 더 가벼워지겠지

추락하는 것은 날개가 없다

왕좌에 앉았다고
아래를 무시하고
위만 바라보면

결국,
추락하고 말거야

깨달음

마냥 푸르던 시절엔
삶의 깊이를 알 수 없었어

철없던 날들이 지나고서야
모든 걸 깨달았어

바다거나 하늘이거나

어디서 무엇이 되어도

깃털처럼 가벼워
뿔뿔이 흩어져
먼 곳에 있다 해도

노랗거나 하얀 꽃 피우는
꿈을 잃지 말자

위험하지 않아

언제나 찌를 것 같아
그러나 위험하지 않아

다만, 나의 게으름을
지키고 싶을 뿐이야

비 오는 날

잘 다듬어진 사람에게서만
볼 수 있는 맑고 투명한 빛

맑은 구슬처럼 반짝이는 아침

차분하게 흐르는 하루가
평화롭다

그늘 아래서

품이 넓은 사람을 만나면
나무가 되고 싶어진다

마음이 넉넉해지고
누구나 다 품을 수 있는

그런 사람이 되고 싶어진다

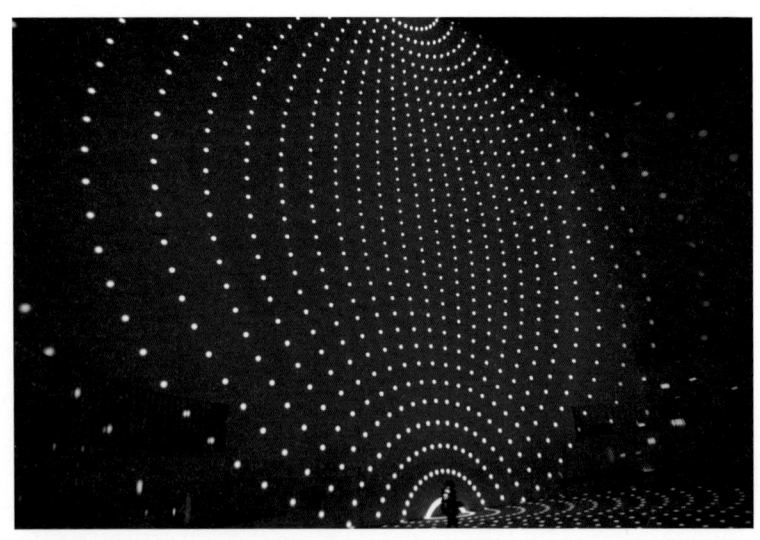

생각대로 이루어진다

내가 뱉은 말들이
우주에서 떠돌다가
다시 내게로 돌아오는 것을 믿는다

내가 보낸 모든 생각이
행복하게 나에게 돌아올 때까지

익어간다는 건

자신을 내려놓고
긴 시간을 인내하며
숨죽이며 기다리는 것

숙성되는 시간을
고요히 지켜 바라보는 것

투명한 속

말간 속마음이 보이면
가는 길이 옳다는 것

물처럼 투명하게 흘러 흘러
깊은 바다와 잘 섞인다면

한세상 잘 살았다는 것

중독

짜릿하고 달달해
너무 취하면 중심을 잃기도 해

마음의 빈틈을 노리는 유혹은
언제나 달콤함을 가장하지

중독되면 안 돼

십자가

등에 짐이 있어
나의 삶은 앞으로 나아간다

십자가의 무거움이
나를 살게 하는 원동력이어서

십자가는 짐이 아니라 양식이다

제4부

마지막 선물

마지막 선물

하얗게 피어난 꽃송이

송이송이 모아
꽃다발로 엮어

하늘길 떠나는 어머니께 드리니
천국 문이 열렸네

숨기지마

간절한 사랑도
표현하지 않으면

알 수가 없어

사랑한다면
마음을 보여줘

염원

간절함은 천만 개의 불꽃
그 불꽃은

두 손 모은 이들의 마음을 데불고
하늘로 오른다

외톨이

두 눈 감고
귀 닫고 살지 말고

마음의 문을 열고
어우러져 살자

다 돼지

누워서 너를 바라봐도 돼지
엎드려 있어도 돼지

너를 좋아해도 돼지

그~럼 다 돼지

자나 깨나 말조심

마을 길
불쑥, 담 넘어 반짝이는 두 눈

귀 쫑긋하며 엿듣는다

금세 고양이 마을에 소문이 돌겠지
밤에는 고양이를 조심하자

망부석

기다려 본 사람은 안다
얼마나 피를 말리는지

바다를 등지고 앉은 여인의 마음을
바다는 포근히 감싸주며

이제 그만 내려놓으라 한다

나른한 오후

게으르게 흐르는 오후
구름을 베고 누워
사색에 잠기면

오후는 온통 푸른 이불을
덮어준다

수묵화

화선지와 먹물이 만나
서로를 껴안으며 그림이 된다
보이는 것이 무엇인지 감춰진 것이 무엇인지
어떻게 풍경이 되는지
자세히 보면 보인다

영원이 된 사람

박제된 시간을 관통하며
흐르는 그 동굴에서

수많은 발걸음이 그녀의
몸을 밟으며 통과하는데

그녀는 영원이 되었다

함께 걸어온 삶

한평생 잘 살아온 부부는
뒷모습도 닮았다

욕심 없이 덜어내도
초라하지 않다

한곳을 보아온 모습이 아름답다

높이 오르다 보면

어느새 낭떠러지

내려갈 길이 아득하다

그래서 위만 보고 살지 말고
땅도 보고 살아야 하는 거야

부활

죽은 자의 몸에서
다시 태어난

산 자의 고백

사는 동안
빛과 소금이 되자

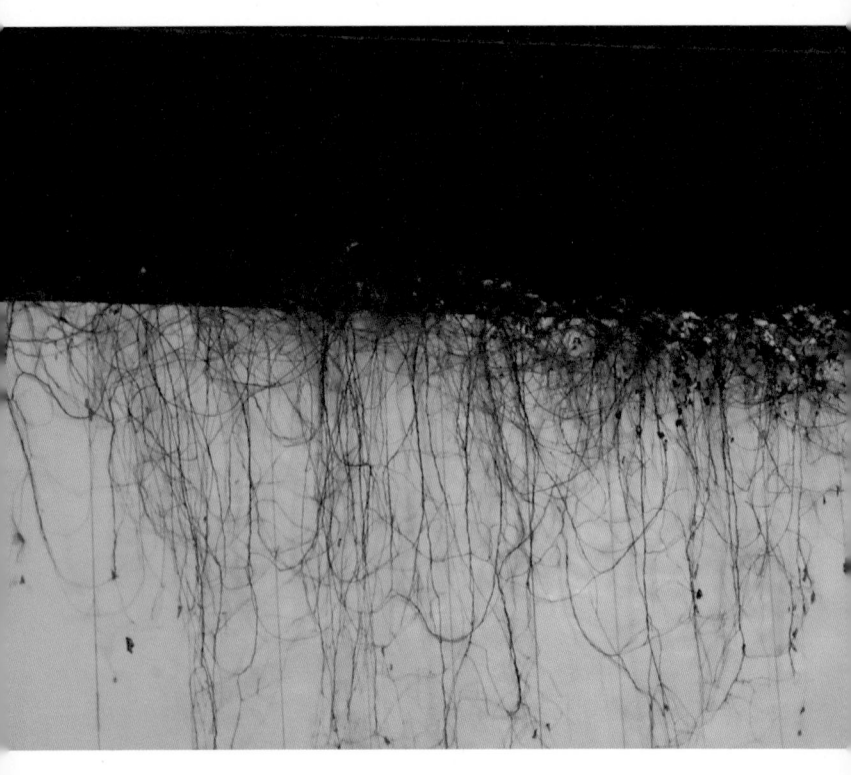

저 너머의 세상으로

밝은 빛을 향해 걷자

어둠의 담을 넘고
희망을 향하여

한 줄기 빛을 따라
환하게 밝은 세상으로 가자

아름다운 인생

핑크빛 언어로 시를 짓고
경쾌한 리듬으로 악보를 그리고

아름답고 맑은 목소리로
노래를 부르는
꽃이 되고 싶다

삶의 방식 모색과 관계와 생명성의 미학
- 손덕순 디카시집 『어디서 무엇이 되어도』

강 경 호
(시인, 한국문인협회 평론분과 회장)

　수년 전부터 우리 문학에 커다란 변화가 왔다. 이른바 '디지털 카메라 포엠digital camera poéme, 디카시'이라고 하는 디지털 카메라가 사물을 포착하는 시각언어視覺言語와 5행 이내의 시[文學言語]가 결합하는 형식으로 빚어내는 시가 유행처럼 번지고 있다. 시의 대중화, 또는 독자의 저변확대라는 측면에서 매우 고무적인 일이다. 90년대부터 자각해 온 '시의 위기시대'를 불식시키기나 하는 것처럼 기성 시인은 물론 새로운 시인들이 디카시 운동에 참여하고 있다. 디카시에 많은 사람들이 관심을 보이는 것은 바람직한 일이나 그저 쉽게 사진을 찍고 짧은 시를 쓸 수 있다는데서 접근성이 쉬워진 탓에 디카시를 함부로 써내는 일은 디카시가 극복해야 할 중요한 과제이다.

나는 훌륭한 기성 시인들이 디카시에 참여하기를 바란다. 그럼에도 불구하고 대부분의 역량있는 시인들이 디카시 쓰기를 기피한다. 서정시가 지닌 깊고 넓은 시의 세계를 디카시로는 제대로 표현하기 쉽지 않다는 디카시의 한계성 때문이다. 그리고 디카시인은 사진을 잘 찍어야 한다고 생각한다. 좋은 사진은 구도, 색채, 주제 등 선명한 시각이미지를 보여주어야 한다. 가능하다면 참신한 사진이라면 더욱 좋겠다고 생각한다. 주제를 강화시키고 깊은 감동을 줄 수 있기 때문이다.

그리고 분명한 것은 디카시도 시의 영역에서 벗어날 수 없음이다. 사진이라는 시각이미지와 시라는 문자 언어가 충돌하고 서로 흡수하여 새로운 정서와 정신성을 담아내는 서정시의 원리와 동일하기 때문이다.

손덕순의 디카시집을 읽고 '디카시는 이래야 한다'는 여러 작품을 발견한 일은 무척 다행스러웠다.

어젯밤 꿈속에 고흐가

다녀갔나 보다

아침에 깨어보니
금방 붓칠한 점묘법 하늘에서
푸른 물감이 뚝뚝 떨어지고 있다
-「점묘법 하늘」 전문

「점묘법 하늘」은 어느 날 시인이 하늘을 보며 느낀 감
정이 생경하면서도 그야말로 '날것의 언어'라는 생각이
들었다. 거친 붓텃치가 점묘법 기법으로 이해할 수 있는
후기인상파의 그림은 붓질로 인해 동세動勢가 느껴진다.
「점묘법 하늘」 사진 이미지는 지상에 도로와 전기선이
지나가고 나머지가 푸른 하늘 이미지이다. 점묘를 구사
한 후기인상파 고흐의 그림을 닮은 하늘은 격정적으로
꿈틀댄다. 마치 고흐가 간밤에 하늘을 캔버스 삼아 그린
푸른 하늘 풍경에서 마치 물감이 뚝뚝 떨어지는 것 같
이 실감이 난다. 이 작품은 특별한 메시지가 없다. 시가
꼭 메시지가 있어야 하는 것은 아니다. 시인의 감각이
매우 강하게 적용된 이 작품은 하늘의 구름을 물감으로
인식하는 태도, 하늘을 캔버스로 인식하는 태도, 그리고
후기 인상파 고흐를 떠올림으로 해서 사진 설명식의 디
카시 작가들에게 디카시의 모범을 보여주고 있다.
　다음의 「하늘이 보내는 위로」는 배우 단조로운 사진
이지만 시인만의 독특한 상상력이 가미되어 깊은 사색

에 들게 한다.

하루가 저물기 전
하늘은 안부를 묻는다

붉게 타오르는 노을은
오늘 하루, 열심히 산 그대에게 보내는

하늘의 따뜻한 위로
- 「하늘이 보내는 위로」 전문

전통한옥과 길쭉한 양식 건물이 저녁 그림자에 그 형
체가 희미하다. 사진의 구도가 집들이 있는 아랫부분은
어둡고 그 위 하늘의 배경은 붉은 노을빛으로 아직 남
아있는 일몰의 시간을 포착한 것이다. 특히 왼쪽 화면에
배치된 한옥의 형태가 화면의 단조로움을 깨고 있다. 이
러한 풍경을 발견한 시인은 "하루가 저물기 전/하늘은
안부를 묻는다"라고 자신의 감정을 드러낸다. 저녁 무
렵은 하루의 일과를 끝내고 모두 집으로 돌아가는 시간

이다. 문득 붉게 노을진 서녘하늘을 바라보는 시인은 어쩌다가 노을이 '오늘도 잘 지냈느냐?'고 수고한 사람들에게 안부를 묻는 것 같다. 노을을 보며 누가 이런 생각이나 했겠는가. 시인이 스스로에게 묻는 안부일지도 모른다. 그러므로 "붉게 타오르는 노을은/오늘 하루, 열심히 산 그대에게 보내는//하늘의 따뜻한 위로"라고 말하기에 이른다. 붉은 빛 노을이 지닌 색채이미지가 주는 따스한 온기를 하루 열심히 산 사람들의 어깨에 내려 위로를 하는 기제로 사용할 줄 아는 시인의 기지가 명민하고 적절하다.

다음의 「나른한 오후」도 특별한 메시지가 없다. 오직 시인이 대상을 보는 순간 어떤 영감이 떠올라 카메라의 셔터를 누른 것을 짐작할 수 있다. 지붕이나 담장으로 보여지는 사진 화면의 하단부는 온통 먹빛인데 그 아래서 위를 올려보며 고양이를 포착한 것으로 보인다.

게으르게 흐르는 오후
구름을 베고 누워

사색에 잠기면

오후는 온통 푸른 이불을
덮어준다
    -「나른한 오후」전문

  흔히 디카시 사진을 찍을 때는 물론이고 사진작가들도 어떤 피사체 앞에 서면 감각적으로 몸이 움직여 대상을 포착한다. 주지하다시피 사진은 빛의 예술이어서 순간을 놓치면 후회하는 경우가 많다. 「나른한 오후」의 사진 또한 고양이가 도망가기 전에 찍었기에 가능한 일이었다. 인간이나 동물이나 배가 부르면 나른해진다. 고양이도 마찬가지이다. 그런데 이 작품은 고양이의 시선에서 쓴 것으로 더욱 흥미로운 것은 위 아래로 화면을 직선으로 분활하고 그 중간에 고양이가 앉아있는 모습이다. 담장이나 혹은 지붕은 까만 먹색으로 하고 푸른 하늘엔 뭉게구름이 일고 있다. 화면 아래의 고요와 하늘의 동세가 교차하는 경계에 선 고양이의 나른함을 화면 아래의 검은 빛이 구도의 안정을 꾀하고 있어 사진 촬영에 신경을 썼음을 짐작할 수 있다. 그리고 많은 디카시 작가들이 포착한 사진을 그대로 사용하는데 「나른한 오후」처럼 주제를 선명하게 하기 위해 트리밍을 할 때 훌륭한 디카시를 쓸 수 있다.
  설명한 것처럼 담장 위의 고양이를 발견한 시인은

"게으르게 흐르는 오후"라고 첫 행을 쓴다. 인간 가까이 살아가는 짐승들도 사람을 보면 도망가기 일쑤이다. 그런데 "게으르게 흐르는 오후"는 하루 중 가장 마음이 편안할 때이다. "구름을 베고 누워/사색에 잠"긴다고 한다. 매우 활달한 시어 운용을 통해, 그리고 의인화법을 통해 시의 의미와 정서를 더욱 깊고 풍요롭게 한다. 그것도 "사색에 잠기면//오후는 온통 푸른 이불을/덮어준다"고 하여 하늘과 구름이 이불이 된다. 환타지 수법을 이용해 자신의 감정을 마음껏 펼친 손덕순 시인만의 화법으로 디카시를 완성한 것이다.

이러한 시적 형상화에 기반을 둔 손덕순 시인의 시세계는 다음과 같이 크게 3가지로 나눌 수 있다. 이번 손덕순 시인의 디카시집 『어디서 무엇이 되어도』는 자신만의 삶의 방식을 드러내는데, 주로 시작 대상이나 시적 전제되는 대상이 자연을 시 속에 끌어들여 시인의 삶의 방식이나 정신성을 노래하고 있다. 이것은 곧 시인이 디지털 카메라로 시적 영감을 주는 대상을 포착하는 순간, 벌써 절반은 시로 쓸 수 있게 된다. 이후에 남는 일은 사진 이미지를 트리밍하고 시적세계를 완성하는 일이다.

다음의 시적 관심사는 생명성에 천착하고 있는 점이다. 자연과 자연의 친화력과 포용력, 하나의 생명이 어떻게 살고 죽어 가는지, 인류의 탐욕으로 현재진행형인 북극 빙하의 해빙으로 인한 생명의 위기, 누군가를 위해 마련한 자연 세계에서의 상생, 뿌리를 넓게 펼치고 땅을

쥔 끈질긴 나무의 생명성, 동굴 공간에서 만난 여성 형상의 허공이 가진 영원한 생명성을 인간의 모습으로 환치시키는 능력을 보여준다.

한편 손덕순의 디카시집에서 돋보이는 시편은 '너'와 '나'의 상대성이 어떻게 긍정적으로 작용하는지를 직접 확인하게 해주는 시편들에서, 오직 '나'를 위한 세계의 치졸함과 '나' 중심적 세계관으로 작동하는 우리 사회에 대해 예리한 경종과 휴머니즘적인 세계관, 그리고 디카시의 새로운 발상을 보여주고 있어 이번 시집이 특히 의미가 있다 하겠다.

2.

이번 손덕순 시인의 시집에서 가장 관심을 많이 기울인 부분은 삶의 방식에 깊이 천착한 시편들이다. 기존의 많은 디카시 시인들에게서 나타나는 사진 이미지에서 어떤 정황만을 간략하게 서술하는 방식으로 시적 깊이를 나타내지 못한다. 디카시를 잘못 이해하고 있는 많은 시인들이 이 부류에 속한다. 그러므로 디카시가 많은 사랑을 받고 있기는 하지만 반드시 극복해야 할 문제이다. 손덕순 시인의 디카시는 사진도 주제를 잘 살리고 있지만, 대부분 사진 내용과는 먼 거리에서 시적 상상력을 펼치는 미덕을 가지고 있다.

보다 나은 인간의 삶을 지향하는 손덕순 시인의 디카시는 인간의 위의를 지키고 인간으로서 최선의 길을 가고자 하는데 초점이 맞춰져 있다.

깃털처럼 가벼워
뿔뿔이 흩어져
먼 곳에 있다 해도
노랗거나 하얀 꽃 피우는
꿈을 잃지 말자

－「어디서 무엇이 되어도」 전문

사진 텍스트는 갓털을 이용해 멀리까지 이동하여 씨앗을 퍼뜨리는 식물의 씨앗을 화면 가득 채웠다. 사진의 내용이 민들레 씨앗인지는 분명하지 않지만, 이 모습을 발견하고 시인은 카메라로 피사체를 담아냈다. 바람이 불면 갓털을 이용해 하늘에 올라 어딘가로 날아가 새 생명의 영토를 개척할 것이다. 시인은 이 디카시의 시제를 '어디서 무엇이 되어도'라고 붙였다. "깃털처럼 가벼워/뿔뿔이 흩어져/먼 곳에 있다 해도//노랗거나 하얀 꽃 피우는/꿈을 잃지 말자"고 한다. 흩어져 살겠지만

'무엇인가가 되어 자신의 꿈을 펼치며 잘 살라'는 메시지이다. 인간의 삶도 마찬가지이다. 같은 부모에게서 태어난 형제들도 제각기 길을 찾아 뿔뿔이 헤어져 살지만 "노랗거나 하얀 꽃"으로 은유화된 자신의 꿈을 펼치고 살기를 바란다. 이 작품은 갓털식물의 씨앗을 바라보며 근원적인 인간의 삶의 방식을 모색하고 있어, 시적 깊이를 획득하고 있다.

다음의 「깨달음」은 디카시가 갖추어야 할 여러 덕목을 잘 보여준다. 제목이 다소 무겁지만, 그러나 이 작품은 「깨달음」이라는 그릇에 사진과 시가 함의하는 모든 것을 다 담을 수 있을 것으로 생각된다.

마냥 푸르던 시절엔
삶의 깊이를 알 수 없었어

철없던 날들이 지나고서야
모든 걸 깨달았어

바다거나 하늘이거나

이 작품은 모노톤 색조로 온통 푸르다. 바다와 하늘을
포착한 것으로 여겨진다. 하늘과 바다의 경계를 알 수
없듯이 인생도 그 깊이의 경계를 알 수가 없다. 시인은
푸른 풍경 앞에서 많은 생각이 교차되었을 것이다. 바
다의 깊이, 하늘의 깊이에 대해서, 그리고 '푸르다'는 색
채 이미지에 대해서, 그래서 단순하게 풍경이 보이는대
로 디카시를 쓰고 싶지 않았을 것이다. 보이는 것만 시
로 언어화했을 때 식상하고 진부한 작품이 또 하나 생
산되는 것을 꺼렸기 때문이다. 시인은 푸른 바다와 하
늘을 보며 어떤 깨달음을 얻었을까? 이 작품에서 '푸르
던 시절'은 바다와 하늘의 푸르름과는 상관없이 '어린
시절' '철없는 시절'을 나타내고자 하였다. 그 "마냥 푸
르던 시절엔/삶의 깊이를 알 수 없었어"라고 발화하는
것의 전제는 시인이 이미 바다와 하늘을 바라보며 이미
어떤 깨달음에 이르렀다는 말이다. 그런 까닭에 "철없
던 날들이 지나고서야/모든 걸 깨달았"다고 진술한다.
디카시에서도 시조의 종장처럼 마지막 연이나 행을 잘
마무리 지어야 한다. 앞선 진술을 보다 내밀하고 진중하
게 해주기 때문이다. 이 작품에서 시인은 "바다거나 하
늘이거나"라고 시를 마무리함으로써 앞의 진술들과 상
통하고 연계되어 시인의 의도한 메시지를 완성시켰다.
계량적으로 바다의 깊이를 측정할 수 있어도 하늘의 깊

이는 도저히 알 수 없다. 바다 또한 일반인에게 그 깊이를 따지는 것조차 요원한 일이다. 그러므로 마지막 행에 "바다거나 하늘이거나"에서의 '바다'와 '하늘'은 깊이를 알 수 없는 것이다. 결국 시인은 이 작품을 통해 바다와 하늘처럼 깊은 것이 삶의 깊이임을 깨달음을 통해 보여준다.

「위험하지 않아」는 생각의 전환을 잘 보여주는 역발상적인 작품이다.

언제나 찌를 것 같아
그러나 위험하지 않아

다만, 나의 게으름을
지키고 싶을 뿐이야

- 「위험하지 않아」 전문

위의 작품에서 사진이미지는 탱자나무이다. 탱자나무는 가시가 날카롭고 길어 만지면 찔린다. 그런데 시인은 시제를 「위험하지 않아」라고 정했다. 제목부터가 도발

적이다. 디카시 뿐만 아니라 서정시는 독자들의 관념을 전복시킬 때 호기심과 시적 관심을 불러일으킨다. "언제나 찌를 것 같아"고 한다. 그런데 "그러나 위험하지 않아"라고 한다. 여기까지 읽었을 때 탱자나무 이미지를 보면 납득이 안 간다. 날카로운 가시가 찌를 것만 같기 때문이다. 그러나 다음 연을 읽어보면 모든 궁금증이 풀린다. 그리고 이 시가 탱자나무 날카로운 가시가 찌른다는 관념을 통째로 전복시킨다. 극적 반전의 장치가 마련된 디카시가 훌륭한 작품이 될 수 있다. "다만, 나의 게으름을/지키고 싶을 뿐이야"라고 말함으로써 탱자나무의 가시가 외부의 침입자에게 향하지 않고 자신에게 향하고 있음을 알게 된다. 게으름을 경계하기 위해 마치 송곳으로 자신의 허벅지를 찌르는 사람처럼 시인은 탱자나무라는 시적 대상을 자신의 자아로 주체화하여 게으를 때면 자신의 가시로 자신을 찌른다는 것이다. 이처럼 디카시는 형식이 짧지만 보다 내밀하고 깊이있는 자신의 삶으로 변환시켜 보여줄 때 진정한 디카시라고 할 수 있다.

이밖에 삶의 방식에 천착하고 있는 손덕순 시인의 시는 수없이 많다. 「이카로스의 꿈」에서는 제시된 행글라이더를 타고 하늘을 나는 사람에게 높이 날면 추락할지도 모른다고 경고한다. 조금 늦게 가도 한 단계씩 올라가는 것이 인생임을 묘파하고 있다.

위의 작품과 같은 맥락의 「추락하는 것은 날개가 없

다」에서는 높은 데 올라가 있는 청개구리 이미지를 제시하고 "왕좌에 앉았다고/아래를 무시하고/위만 바라보면//결국,/추락하고 말거야"라고 한다.

「생각대로 이루어진다」는 자신이 뱉은 말이 사라지지 않고 우주 어딘가에 남아있다가 다시 자신에게 돌아온다고 한다. 그러기 위해서는 좋은 말만 하고 살아야 한다. 그래서 마침내 내가 뱉은 말들이 다시 내게로 돌아올 때는 행복해질거라고 한다.

「익어간다는 건」에서는 수많은 장독들이 있는 사진 이미지가 기호의 한 축으로 제시된다. 장독이건 된장독이건 오랜 시간 햇빛과 바람에 쏘일 때 숙성하듯 인간도 이와같아야 한다는 메시지를 던지고 있다.

「거리」에서는 일정한 간격을 두고 나무 두 그루가 있는 사진이미지이다. 가까운데 있으니 오랫동안 마주볼 수 있을 것이다. 손 뻗으면 닿을 수 있는 그 거리는 인간이 살아가면서 매우 중요하다. 너무 가까워지면 관계가 쉽게 훼손되고, 너무 멀리 떨어져 있으면 관심에서 멀어진다. 그러므로 인간은 적당한 관계를 유지하며 살아가야 함을 디카시를 통해 메시지를 전하고 있다.

3.

이 세상 모든 만물은 관계가 중요하다. 가령 나무들을 밀식하면 어렸을 때는 일정한 거리가 유지되지만 크게 성장하면 거리가 좁아 서로 세력다툼을 할 것이며 건강하지 않게 자란다. 인간관계도 마찬가지이다. 손덕순 시인의 이번 디카시집에서는 주체적 자아와 타자성이 서로 조화롭게 공존해야 함을 유독 많은 메시지를 보내고 있다. '나'는 주체적이기 때문에 '나 중심'으로 사고하고 행동할 수밖에 없는 것이 인간의 한계이다. 그러나 손덕순 시인은 이를 극복하고 대등한 관계를 정립하고 있다.

둘은 쌍둥이

호수에 비친 너는 나

호수를 바라보는 나는 너

서로 바라보며

에베레스트처럼 자라는 꿈

-「거울 호수」 전문

호수는 커다란 거울이다. 크고 웅장한 산을 물에 잠길 수 있는 이 호수에 똑같은 산이 거꾸로 처박혀 있다. 생김새가 다르지 않는 땅에서 자라는 산과 물 속에서 자라는 산은 실은 쌍둥이이다. 아니 물에 비친 산은 허상이다. 그래도 시인은 둘은 쌍둥이어서 "호수에 비친 너는 나//호수를 바라보는 나는 너"라고 한다. 둘이 닮았다고 하는 것이다. 우리는 거울 속에 비친 모습이 '나'가 아니지만 '나'라고 생각한다. 거울 속의 모습을 통해 자신의 얼굴을 확인하는 것이다. 허상을 통해 실상을 확인하는 것처럼 시인은 실제 산과 호수에 비친 산이 다르지 않다고 믿는다. 생긴 모습 그대로 거울 같은 호수면에 비치기 때문이다. 그러므로 같은 모습인지 아닌지가 중요한 것이지 실상과 허상의 구분은 의미가 없어진다. 그러므로 산들은 "서로 바라보며//에베레스트처럼 자라는 꿈"이라고 말하기에 이른다.

'어쩌면 인간이 바라보는 모든 사물은 허상이 아닐까?' 하는 생각을 할 때가 있다. 장자의 장자몽처럼 내가 꿈속에 있는 것인지, 아니면 꿈 밖에 있는지, 인생의 실상과 허상에 대한 진실을 의심할 때처럼 세계의 분별력을 가늠하기가 힘들 때가 있다. 어쨌든 실상과 허상의 진실보다도 "둘은 쌍둥이"라는 시인의 인식 때문에 땅 위의 산이 자라면 물 속의 산도 자라고, 물 속의 산이 자라면 땅 위의 산이 자랐다는 것이 분명하다. 호수에 비친 산의 반영을 통해 '나'와 '너'라는 관계의 중요성을 매우 밀접한 관계로 상호작용하고 있음을 잘 보여준다.

「포근한 잠」은 손덕순 시인의 디카시에서 추구하는 '안락한 세계'에 대한 메시지를 담고 있는 작품이다.

부드럽고 따스해
나도 모르게 잠에 취했어

꽃잎을 베고
바람이 불러주는 자장가를 들으며
너를 닮은 붉은 꿈을 꿀게

— 「포근한 잠」 전문

이 작품은 우선 시각적으로 눈길을 끈다. 화면 전체가 거의 붉은색으로 칠해져 있기 때문이다. 오른쪽에 화면의 변화를 주기 위해 약간의 녹색이 있을 뿐이다. 꽃을 클로즈업하여 촬영했기 때문이다. 이렇듯 대담한 구도 가운데 청개구리 한 마리가 마치 이불 속에서 빼꼼하게 머리를 내민 듯하다. 색채이미지 중 붉은 색은 정열과 따스함을 표지한다. 이 따스한 시각적 이미지를 시인은 "부드럽고 따스해"라고 한다. 실제로 따스한 꽃잎은 부드러운 감각에 마치 어머니의 품에 안긴 것처럼 "나도 모르게 잠에 취했어"라고 마치 자신의 일인 양 1인칭 시각으로 말해버린다. 청개구리의 심리적 정서를 형상화시킨 것이다. 어쩌다가 꽃잎 속으로 들어간 청개구리는 "바람이 불러주는 자장가 들으며/너를 닮은 붉은 꿈을 꿀게"라고 말함으로서 꽃잎과 청개구리라는 전혀 이질적인 대상들이 한데 어우러지게 한다. 그리고 여기서 주목할 것은 꽃잎의 색채이미지를 "붉은 꿈"을 꿀 것이라고 말함으로서 청개구리가 붉은 꽃잎 속에 들어가 포근한 잠을 자는 행위가 정황 그대로를 묘사하는 것으로 그치지 않고 새로운 꿈, 즉 "붉은 꿈"으로 은유화 된 아름다운 꿈을 꾸겠다고 하는 것이다. 디카시는 눈에 보이는 것만을 노래하지 않는다. 눈에 보이지 않는 어떤 세계와 정서를 형상화시킴으로서 깊은 감동과 감흥으로 새로운 메시지를 담아낼 때 짧은 형식의 디카시의 한계를 극복할 수 있는 것이다.

「마음의 중심에는」에서도 보이는 것 이외의 보이지 않지만 유추가 가능한 어떤 세계를 보여주고 있다. 화면 가득 전통 한옥의 지붕이 있고 그 가운데에 나무 한 그루가 자라고 있다. 매우 안정된 사진구도는 시제인 "마음의 중심에는" 무엇이 있는지를 진중하게 보여준다. 전통기와집 한 채가 시인의 "내 마음의 집"이될 수 있고, 집을 배경으로 한 나무 한 그루를 '나'와 '너'의 간

극을 채워주는 존재가 된다. 마치 사랑하는 사람들의 관계나, 친한 우정을 나누는 사람들의 관계를 나타내는 것처럼 '나'와 '너'라는 이질적인 존재를 동일화를 꾀하고 있어 '기와집'과 '나무'라는 관계를 시각 기호인 사진과 문자언어 기호의 조합을 잘 보여주고 있어 디카시의 묘미를 잘 보여주고 있다.

「높이 오르다 보면」의 시각 이미지인 사진에서는 사진 구도를 가로로 양분하여 막힘없이 경쾌한 느낌을 주고 있다. 그러면서도 매우 내밀하고 깊은 메시지를 전해주고 있다.

어느새 낭떠러지

내려갈 길이 아득하다

그래서 위만 보고 살지 말고
땅도 보고 살아야 하는 거야
　　　　　　　　　　　　－「높이 오르다 보면」 전문

화면 아랫부분에 검은 색으로 연둣빛 허공을 받혀주고 있어 단조롭지만 화면의 주제를 선명하게 해준다. 검은 공간 위를 가로지르는 하얀 선 위에 청개구리 한 마리가 앉아있다. 어쩌면 쉽게 볼 수 있는 이러한 풍경을 이토록 선명하게 포착할 수 있는 것은 평소 디카시에 대한 이해가 높은 시인의 시지각력에서 기인한다. 그렇다고 사진을 잘 찍었다고 좋은 디카시가 완성되는 것은 아니다. 시인의 영감을 잘 형상화시켰을 때 비로소 좋은 디카시가 완성된다. 사진 이미지라는 텍스트는 하나의 기호일 뿐이다. 좋은 음식재료를 잘못 요리하면 형편없는 요리가 되듯이 사진 이후의 과정이 매우 중요하다. 시인은 청개구리의 눈높이에서 정황을 바라본다. 매우 높은 곳에 올라가 앉아있는 모습이 곡예하듯 아슬아슬하게 느껴진다. 평평한 평면에 앉아있지 않고 가늘고 둥근 줄에 앉아있기 때문이다. 시인은 이를 "어느새 낭떠러지"라고 비유한다. 인간의 삶도 마찬가지여서 욕심내어 자신의 길을 가다보면 높이 올라갔으나 내려올 길이 막막한 위험한 지경에 이를 때가 있다. 시인은 청개구리에게서 인간의 삶을 바라보고 있는 것이다. 그래서 "내려갈 길이 아득하다"고 단호하게 말을 하는 것이다. 그리고 "그래서 위만 보고 살지 말고/땅도 보고 살아야 하는 거야"라고 말을 내뱉는다. 이 말은 인간의 보편적인 삶에 대한 궁구를 의미하는 것으로 어쩌면 시인 자신에게 하는 말일 수 있다.

이 작품은 청개구리라는 시적 대상에게 말을 거는 형식을 취하고 있다. 그러나 시 내면의 시적 화자인 시인이 스스로에게 하는 말로 세계는 타자성을 통해 주체성을 되찾고자 하는 대상과 대상의 관계를 내밀하게 묘파한 것으로 볼 수 있다.

이처럼 삶의 보편적 이치를 노래한 시편으로는 「행복으로 가는 길」과 「고백」 등의 시편이 있다.

「행복으로 가는 길」 평원에 밭이랑이 넓게 펼쳐져 있고 그 끝에 몇 그루의 나무들이 가로 구도로 서 있다. 마치 나무들이 줄지어 어디론가로 가는 상상을 하게 한다. 하늘에는 뭉게구름이 머리 위에 떠 있는 푸르른 날이다. 시인은 봄날 "설레는 마음으로 너에게 간다"고 한다. 초록물결이 출렁이는 듯한 봄 들녘을 걸어 가다보면 "마음에 초록물 들이며 간다". 여기서 주된 색채이미지인 생명성을 나타내고 희망을 의미하는 '초록'인 '너'에게로 향하여 '나'도 '초록'으로 물들인다고 함으로써 '너'와 '내가' 하나가 되는 동일성을 지향하고 있다. 그냥 간격을 좁히며 다가가는 것보다는 시적 대상인 '초록'과 하나가 되는 것이 진정으로 너에게 다가가는 것이라는 시적 의미를 지니고 있어 이 작품이 진정한 디카시로 거듭나고 있다 하겠다.

「인연의 끈」 또한 인간의 삶에서 얼마든지 만날 수 있는 상황을 형상화하고 있다. 바다인지 호수인지 알 수 없지만 물 위에 있는 바위 두 개 사이에 줄이 이어져 있다. 이 작품도 사진이미지가 간명하다. "어쩌다 맺은 인연/파도에 휩쓸려도/너의 손을 놓지 않을게"라고 짧지만 굵은 이 메시지는 여러 가지 의미로 해석이 가능하다. 우정을 얘기할 수 있고, 부부의 인연으로도 해석이 가능하다. 인간관계는 다양한 줄로 이어져 있다. 사랑으로 이어진 줄, 혈연으로 이어진 줄, 우정으로 이어진 줄, 그리고 어쩔 수 없는 관계로 이어진 줄 때문에 다양한 상황에 직면하게 된다. 이 작품은 바로 인간관계에서의 사랑이거나 우정, 또는 혈연으로 끈끈하게 이어진 줄을 매우 짧은 형식이지만 많은 사색을 하게 하고 있다.

4.

생명은 존재의 근거가 된다. 생명이 존재하지 않는다면 우리 지구는 죽음 그 자체이다. 생명이 존재하기 때문에 우리 지구별이 푸르게 아름다운 것이다. 손덕순 시인의 디카시는 원초적 생명성을 지향하고 있다. 생명의 근원을 묘파함으로서 세계는 정신적으로 풍요롭고 생명성에 대한 질문과 대답을 구해 인간과 자연이 상생하고 인간과 인간의 관계가 하나의 유기체라는 대답에 이르러 생명의 뿌리를 확인할 수 있게 한다. 특히 오늘날 지구는 환경위기라는 절체절명의 순간에 도달해 있다. 인간의 무분별한 이기주의와 탐욕 때문에 빚어진 일이다. 이러한 시기에 손덕순 시인의 메시지는 더욱 간절한 목소리로 다가오고 있다.

녹아내리는 빙하 위에서
아슬아슬한 북극곰

발자국만 남기고
사라진 펭귄

바다는 쓰레기로 가득하다
　　　　　　　　　　　－「절규」 전문

　사진 텍스트는 커피잔 위에서 찍은 이미지이다. 커피
잔에는 커피가 담겨있는데 그 모습이 마치 곰의 얼굴이
거나 발자국 형상이다. 시인은 이 모습을 통해 어떤 영
감을 얻었을 것이다. 이처럼 시적 발화는 일상에서 우리
가 흔히 보아온 것에서도 문득 발견할 수가 있다. 영감
을 얻기 위해서는 각고의 노력으로 상상력을 길러야 한
다. 흔히 곰은 북극 추운 곳에서 산다. 그런데 북극의 빙
하가 녹아내리고 있다. 이로 인한 지구의 기후 위기가
많은 재앙을 불러일으키고 있다. 이러한 현실적 상황을

인식하고 있는 시인은 커피잔에 담긴 커피에서 곰을 연상시킨다. 얼음이 녹고 있으니 얼음 위에서 생존하고 있는 삶의 터전이 무너지고 있는 곰에게는 생존이 위태로울 수밖에 없다. 그러므로 시인은 "녹아내리는 빙하 위에서/아슬아슬한 북극곰"이라고 아픈 마음으로 노래하고 있다. 그리고 커피잔 둘레에 새겨진 마치 남극 눈 위를 걸어가면 남긴 발자국을 닮은 문양에서 "발자국만 남기고/사라진 펭귄"이라고 빙하가 녹아 생존 위협을 받는 펭귄들의 생태위기를 고발하고 있다. 그리고 사진 텍스트에는 나타나 있지 않지만 인간들이 소비하여 쌓여가는 쓰레기로 상징되는 인간의 탐욕을 "바다는 쓰레기로 가득하다"고 함으로써 생태환경 위기를 마치 비명처럼 내질러 경종을 울리고 있다.

「어머니의 손」을 노래할 때 많은 시인들은 어머니의 사랑을 그 내용으로 한다. 그러나 손덕순 시인은 이러한 주제에 대해 근원적인 질문을 하며 어머니를 탐구하고 있다.

땅 위로 도드라진
　　부르튼 뿌리의 핏줄이

　　거친 어머니의 손을 닮았다

　　세상을 꼭 붙잡고
　　가문을 지키는 어머니의 손가락들

–「어머니의 손」전문

　어느 한적한 곳에서 터를 잡고 자라는 나무 몇 그루가 뿌리를 드러내고 있다. 비에 흙이 흘러내려가 뿌리들이 땅 위로 노출된 탓이다. 흔히 볼 수 있는 이러한 모습을 보며 시인은 "부르튼 뿌리의 핏줄"이라거나 "거친 어머니의 손을" 떠올린다. 여기에서 "부르튼 뿌리의 핏줄"과 "어머니의 손"은 유사성을 갖는다. 먼젓 것이 나무의 뿌리를 직접적으로 말하고 있지만 "어머니의 손"은 인체의 한 부분이다. 이렇게 시적 묘사를 통해 "나무의 뿌리"와 "어머니의 손"은 시적 알레고리를 형성하여 시적 깊이가 더해진다. 나무의 뿌리를 통해 어머니의 사랑과 희생을 보다 내밀하게 하는 것이다. 그러므로 "세상을 꼭 붙잡고/가문을 지키는 어머니의 손가락들"이라고 하기에 이른다. 시인은 나무를 바라보지만 어머니를 발견하는 것이다. 이처럼 디카시는 서정시의 원리와 본질에 최선을 다할 때 더욱 내밀한 시적 형상화를 통해 형이

상학적 시학을 획득할 수 있는 것이다.

다음의 「영원이 된 사람」은 생물학적인 생명성을 뛰어넘어 죽어도 죽지 않는 영원한 생명성을 탐구한 작품이다.

박제된 시간을 관통하며
흐르는 그 동굴에서

수많은 발걸음이 그녀의
몸을 밟으며 통과하는데

그녀는 영원이 되었다

- 「영원이 된 사람」 전문

뭇 생명체는 언젠가는 소멸에 이르게 된다. 그저 바톤 이어달리기처럼 생명의 고리를 통해 생명을 이어가고 있을 뿐이다. 이렇듯 유한한 생명성을 초월해 노래한 이 작품은 손에 잡히는 대상도 아니다. 사진 텍스트에는 그냥 지나치면 보지 못할 수도 있는 사람의 형상을 포착한 이미지이다. 동굴 바위와 바위 사이 통로의 어둠 속에 어둠으로 존재하는 이 이미지는 빛과 어둠이라는 서로 상반된, 그러나 불가분에 서로에 의해 존재성을 확인할 수 있는 가시현상에서 빚어지는 것으로 오직 시각적 이미지로만 감각할 수 있는 현상이다. 디카시 형식의 중요한 요소인 사진이라는 빛과 어둠의 상반된 원리를 이용한 이른바 빛의 예술이다. 손덕순 시인의 디카시에서 사진 텍스트는 이러한 원리를 잘 활용하는 시인이다. 그러므로 그의 사진 텍스트는 주제가 선명하다.

「영원이 된 사람」에서 밝혔듯이 "박제된 시간"으로 형상화된 동굴 속을 지나며 투명한 형상으로 존재하는 동굴 안 통로, 즉 허공에 존재하는 "그녀"를 발견하는 일은 도저한 일이다. 관광객들이 투명인간 같은 그녀의 "몸을 밟으며 통과하는데" 그러므로 "그녀는 영원이 되었다". 흔히 시를 설명할 때 '발견'이라고 한다. 손덕순 시인의 이 놀라운 발견은 손덕순 시인 때문에 화산이 폭발한 뒤 석회암 동굴이 만들어진 후 수만 년이 지난 후에 손덕순 시인에 의해 발견된 "그녀"는 발견됨으로써 비로소 영원한 생명을 얻은 셈이다.

이밖에 생명성을 모색한 시편으로는 「아이들의 웃음소리」가 있는데 한때 골목을 시끄럽게 하는 웃음소리가 아이를 낳지 않는 시대에 적막해진 세태를 노래하고 있고, 「봄을 기다려」에서는 눈 덮인 겨울 한가운데에서 봄을 바라보고 있다. 「생명」에서는 측백나무 숲들이 새로운 종種의 공간을 열어주어 자라게 하는 데에서 생명의 가치를 인정해주는 것에서 욕망하는 인간들에게 건강한 메시지를 던지고 있다. 「어떤 삶」에서는 고작 보름간의 삶을 위해 오랜 시간 땅 속에서 인고의 시간을 보낸 매미의 울음소리에 대해 규명하는 시인의 깊은 사색이 진지하게 다가온다.

5.

살펴보았듯이 손덕순 시인의 디카시집 『어디서 무엇이 되어도』는 '디카시란 무엇인가?'에 대한 진중한 질문에 대답하고 있다. 디카시라는 형식이 주는 새로움에 비해 많은 시인들이 관심을 보여주고 있지만 만족할만한 시가 드문 우리 문단에 필자는 디카시 또한 서정시의 한 형식이라고 말하고 싶다. 사진 텍스트와 문자 텍스트가 각각 형식만 다를 뿐 그저 언어라는 측면에서는 다를 바가 없기 때문이다. 그리고 짧은 형식임에도 불구하고 깊고 진중한 메시지를 담아낼 수가 있다. 그러므로 훌륭한 디카시를 쓰기 위해서는 먼저 좋은 시를 써야 하고, 가능한 좋은 사진을 찍어야 함은 당연한 일이다. 그런 까닭에 오늘날 많은 사람들이 디카시 쓰기에 참여하고 있지만, 너무 쉽게 달려드는 것은 아닌가 하는 우려를 갖는다.

손덕순 시인의 이번 디카시집은 이러한 우려를 불식

시키고 매우 모범적인 디카시의 모습을 보여주고 있어 안심이 되고 기대가 된다.

손덕순 시인의 디카시집 『어디서 무엇이 되어도』는 시인 자신의 정신지리를 통해 삶의 방식을 잘 묘파하고 있다. 특히 자연을 시적 대상으로 삼아 자연에 동화되는 시인의 주체적인 삶을 지향하고 있다.

특히 손덕순 시인의 이번 디카시집에서 관심을 끄는 것은 '나'와 '너'라는 관계를 종속적이거나 타자성적인 관계로 바라보지 않고 주체적인 대상으로 서로를 인식하는 태도는 근대를 뛰어넘어 탈근대적인 시선으로 세계를 읽고 있다는 측면에서 시사하는 바가 크다.

그리고 생명성에도 적극적으로 천착하고 있는데, 오늘 우리 지구촌에서 일어나고 있는 생명의 위기에 대한 비명 같은 목소리와 나무뿌리의 끈질긴 생명력을 통해 생명의 고귀함을, 그리고 죽어도 죽지 않은 생명의 영원성을 노래하고 있다.

손덕순 시인의 디카시는 보았듯이 사진 텍스트의 주제가 시각적으로 집약적이어서 선명한 장점을 가지고 있다. 그리고 이러한 이미지를 단순하게 사진 설명하듯한 식상함과 진부함을 극복하고 자신만의 개성있는 목소리로 끊임없이 갱신하려는 시도를 보여주고 있어 참신하다. 그런 까닭에 사진 이미지의 어떤 정황만을 설명하려는 듯한 디카시와는 크게 변별력을 갖는다. 디카시의 훌륭한 텍스트가 될 것을 의심하지 않는다.